BEI GRIN MACHT SICH IHR
WISSEN BEZAHLT

- Wir veröffentlichen Ihre Hausarbeit,
  Bachelor- und Masterarbeit

- Ihr eigenes eBook und Buch -
  weltweit in allen wichtigen Shops

- Verdienen Sie an jedem Verkauf

Jetzt bei www.GRIN.com hochladen
und kostenlos publizieren

Bibliografische Information der Deutschen Nationalbibliothek:

Die Deutsche Bibliothek verzeichnet diese Publikation in der Deutschen National-
bibliografie; detaillierte bibliografische Daten sind im Internet über http://dnb.d-
nb.de/ abrufbar.

Impressum:

Copyright © 2017 GRIN Verlag, Open Publishing GmbH
Druck und Bindung: Books on Demand GmbH, Norderstedt Germany
ISBN: 9783668478152

Dieses Buch bei GRIN:

http://www.grin.com/de/e-book/370541/trainingslehre-gesundheitsorientiertes-
krafttraining-meso-und-makrozyklusplanung

Marius Groehl

Trainingslehre. Gesundheitsorientiertes Krafttraining, Meso- und Makrozyklusplanung

Krafttraining bei Rückenbeschwerden nach der Individuellen-Leistungsbild-Methode (ILB-Methode)

GRIN Verlag

GRIN - Your knowledge has value

Der GRIN Verlag publiziert seit 1998 wissenschaftliche Arbeiten von Studenten, Hochschullehrern und anderen Akademikern als eBook und gedrucktes Buch. Die Verlagswebsite www.grin.com ist die ideale Plattform zur Veröffentlichung von Hausarbeiten, Abschlussarbeiten, wissenschaftlichen Aufsätzen, Dissertationen und Fachbüchern.

Besuchen Sie uns im Internet:

http://www.grin.com/

http://www.facebook.com/grincom

http://www.twitter.com/grin_com

Deutsche Hochschule für
Prävention und Gesundheitsmanagement
Hermann Neuberger Sportschule 3
66123 Saarbrücken

Einsendeaufgabe

Fachmodul: Trainingslehre 1

Studiengang: Bachelor of Arts „Fitnessökonomie"

Datum
Präsenzphase: 05.09.2016 – 08.09.2016

Name, Vorname: Gröhl, Marius

Studienort: **Stuttgart**

Semester: **Sommersemester 2016**

Inhaltsverzeichnis

1 Diagnose

1.1 Allgemeine und biometrische Daten

Bei einem Eingangsgespräch wurden alle wichtigen Daten meines Probanden gesammelt und in der folgenden Tabelle aufgelistet.

Tabelle 1: Allgemeine Daten der Testperson

Alter:	22 Jahre
Geschlecht:	Männlich
Körpergröße in Meter (m):	1,83 m
Körpergewicht in Kilogramm (kg):	83 kg
Trainingsmotive:	Muskelaufbau und Fettreduktion
Berufliche Tätigkeit:	Student
Aktuelle sportliche Aktivität:	Betreibt seit 2 Jahren regelmäßig 2-3x/Woche Krafttraining in einem Fitnessstudio. Er trainiert ohne Plan und teilte seine Muskelgruppen auf, seine Trainingsdauer beträgt 60-90 Minuten. 1x pro Woche Freizeitsport in Form von Fußball.
Frühere sportliche Aktivität:	10 Jahre Fußballer auf Kreisebene gewesen, 2-3x pro Woche Training
Zeitlicher Verfügungsrahmen:	2-3x/ Woche für 2-3 Stunden
Allgemeiner Gesundheitszustand:	Proband hat keinerlei körperliche Einschränkungen und ist sportlich voll belastbar und ist somit nicht eingeschränkt in Bezug auf die Trainierbarkeit.
Leistungsstufe:	Fortgeschrittener, da Proband schon 2 Jahre trainiert.

Um Risiken bezüglich der Trainierbarkeit des Probanden auszuschließen wurden verschiedene Tests durchgeführt um die biometrischen Daten der Testperson zu erfassen. Diese sind auch für die weiter Trainingsplanung- und steuerung wichtig. Die Ergebnisse wurden in der untenstehenden Tabelle aufgelistet und bewertet.

Tabelle 2: Biometrische Daten

Test	Testwerte	Normwerte	Auswertung
Blutdruck (mittels Blutdruckmessgerät)	126 / 84 mmHg	Normwerte nach WHO (siehe Abb.1)	Vergleicht man den Blutdruck des Probanden mit den Normwerten, so stellt man fest das diese im Normalbereich liegen.
Ruhepuls (mittels Blutdruckmessgerät)	61 Schläge/ Minute	Normwerte für Erwachsene laut WHO: 60-80 Schläge/ Minute	Der Ruhepuls entspricht den Normwerten der WHO.
Körperfettanteil in % (mittels Caliper Messung)	18,5 %	Normalbereich in %: 8 - 20	Der Körperfettgehalt der Testperson entspricht dem Normalbereich ist aber im oberen Bereich anzusiedeln.
Body-Mass-Index	24,78	Normalberich: 18,5 - <25	BMI ist innerhalb des Normalbereichs von 18,5 - <25

Klassifikation	Systolisch (mmHg)	Diastolisch (mmHg)
Optimaler Blutdruck	< 120	< 80
Normaler Blutdruck	120-129	80-84
Hoch-normaler Blutdruck	130-139	85-90
Milde Hypertonie (Stufe 1)	140-159	90-99
Mittlere Hypertonie (Stufe 2)	160-179	100-109
Schwere Hypertonie (Stufe 3)	>= 180	>=110

Abbildung 1: Einteilung der Blutdruckwerte laut WHO (eigene Darstellung)

1.2 Krafttestung

Im Rahmen der Trainingsplanung wurde mit der Testperson eine Krafttestung durchgeführt um die Trainingsgewichte auf dieser Basis zu berechnen. Als Krafttestmethode wurde hier der Mehrwiederholungskrafttest (X-RM) durchgeführt. In der nachfolgenden Tabelle wird dieser beschrieben und begründet.

Tabelle 3: Beschreibung Krafttest

Erklärung Mehrwiederholungskrafttest (X-RM)
Bei einem Mehrwiederholungskrafttest (X-RM) geht es darum, das maximale Gewicht bei einer festgelegten Anzahl von Wiederholungen herauszufinden. Das Gewicht muss so gewählt werden, dass die Person nicht mehr als die vorher festgelegten Wiederholungen schafft, aber auch nicht weniger.
Begründung für Auswahl des Testverfahrens
- Bei dieser Methode können trotz eines Trainings mit submaximalen Intensitäten die Prinzipien der Trainingslehre eingehalten werden z.B. Prinzip der progressiven Belastungssteigerung (siehe Tab.
- Die X-RM- Methode hat zudem den Vorteil, dass sie gelenkschonender ist und die Verletzungsgefahr nicht so hoch ist als beispielsweiße bei der 1-RM Methode.
- Die X-RM Methode setzt ein gewisses Vorwissen über Übungsabläufe und Techniken voraus. Da die Testperson schon 2 Jahre trainiert (laut ILB-Grobraster als Fortgeschrittener einzustufen ist) und gewisse Erfahrungen mit Hanteln und Maschinen gemacht hat kann die X-RM Methode angewendet werden.
Beschreibung des Testablaufs
Basierend auf den Zielen des jeweiligen Mesozyklus muss zuerst die Wiederholungszahl für den Test bestimmt werden. In diesem Fall (Mesozyklus 1, Maximalkrafttraining) wird eine Wiederholungszahl von 5/Übung festgelegt. Die TUT beträgt pro Wiederholung 2 Sekunden (1-0-1). Bevor die Testperson mit dem Test beginnt, wird zuerst ein allgemeines Aufwärmen auf dem Laufband (10 Minuten) absolviert um die Körperkerntemperatur zu erhöhen und das Herz-Kreislauf-System zu aktivieren. Danach folgt ein spezielles Aufwärmen um die beanspruchten Gelenke und Muskelgruppen auf die bevorstehenden Belastungen und Bewegungen vorzubereiten. Anschließend wird für jede Übung der Krafttest durchgeführt, jedoch muss die Ermittlung des geeigneten Gewichtes innerhalb von max. 3 Testsätzen abgeschlossen sein um Ermüdungserscheinungen der Muskulatur zu verhindern. Sollte ein 2-3er Satz nötig sein, wird zwischen jedem Satz eine Pause von 3 Minuten durchgeführt. Nachdem der Test abgeschlossen ist und für jede Übung das X-RM ermittelt ist, gibt es ein allgemeines Abwärmen (Cool-Down) auf dem Laufband um die Regeneration zu verbessern und um Verletzungen zu vermeiden.

In der folgenden Tabelle werden die Testergebnisse des Mehrwiederholungskrafttests (X-RM) für jede Übung des Mesozyklus 1 aufgelistet.

Abkürzungen: Wdhl. = Wiederholungen

Tabelle 4: Ergebnisse des X-RM-Test

Übung	Wdhl.	Testsatz1	Testsatz 2	Testsatz 3	Resultat
Kniebeuge (Langhantel)	5	100 kg	115 kg	120 kg	120 kg
Kreuzheben gestreckt	5	80 kg	/	/	80 kg
Langhantelbankdrücken an der Flachbank	5	90 kg	100 kg (6)	95 kg	95 kg
Butterfly am Kabelzug	5	20 kg	22,5 kg	/	22,5 kg
Latzug (breiter Griff) zur Brust	5	75 kg	/	/	75 kg
Langhantelrudern	5	70 kg	75 kg	80 kg	80 kg
Schulterdrücken (Maschine)	5	50kg	52,5 kg	/	52,5 kg
Seitheben (Kurzhantel)	5	14 kg	16 kg	18 kg (7)	16 kg
Bizepscurls (Maschine)	5	35 kg	/	/	35 kg
Trizepsdrücken am Seil	5	35 kg	40 kg	/	40 kg
Crunch im liegen (Maschine)	5	35 kg	37,5 kg	40 kg	40 kg

In der untenstehenden Tabelle werden die konkreten Schlussfolgerungen bzw. die Konsequenzen für die weitere Trainingssteuerung und Trainingsplanung, die aus den Testergebnissen gezogen werden können, dargestellt.

Tabelle 5: Schlussfolgerungen bzw. Konsequenzen für die weitere Trainingsplanung

Schlussfolgerung
Ein Vergleich mit Normwerten ist bei einem X-RM-Verfahren nicht vorhanden, da man sonst für jede Kraftübung einen Test durchführen müsste. Da es aber eine Vielzahl an Übungen gibt, ist dies nicht umsetzbar. Gleichzeitig müsste man für jede Übung auch noch für jede Wiederholungszahl einen Vergleichswert aufstellen. Außerdem wird der X-RM Test auch von äußeren Faktoren (Ernährung, Tagesform, Motivation oder Tageszeit) beeinflusst. Was zu einer Verfälschung der Testergebnisse führen kann. Auch die Rahmenbedingungen des Fitnessstudios spielen eine Rolle, da es an manchen Geräten oder Hanteln nur bestimmte Gewichtsabstufungen gibt, kann man nicht zu 100% sagen ob es auch wirklich das Gewicht ist mit dem der Proband die 5 Wiederholungen absolvieren kann. Trotz den verschiedenen Störfaktoren ist die X-RM Methode dennoch eine gute Möglichkeit um die Leistungsentwicklung zu dokumentieren.

Konsequenzen
Die X-RM-Tests wurde für jede Übung durchgeführt um für jeden Mesozyklus das optimale Trainingsgewicht zu berechnen. Mithilfe des Grobrasters zur Trainingsplanung nach der ILB-Methode können nun die Trainingsintensitäten ausgerechnet werden. Diese sind jeweils abhängig von der Leistungsstufe der Person (in diesem Fall: Fortgeschrittener, Intensität: 70-90% des X-RM). Da innerhalb jedes Mesozyklus die Intensitäten gesteigert werden, ist die für die Leistungssteigerung erforderliche Progression gegeben. Somit sind die Voraussetzungen um eine Leistungssteigerung des Probanden hervorzurufen gegeben. Da der X-RM-Test vor jedem Mesozyklus neu durchgeführt werden muss um die Trainingsintensitäten zu bestimmen, ist darauf zu achten, dass die äußeren Faktoren (Ernährung, Tagesform, Motivation oder Tageszeit) bei jedem X-RM-Test gleich sind um Verfälschungen zu vermeiden.

2 Zielsetzung und Prognose

Jeder Mensch der Sport betreibt oder anfängt Sport zu betreiben tut dies nicht ohne Motive/Ziele. Auch der Proband verfolgt bestimmte Ziele, die im Eingangsgespräch festgehalten wurden. Seine Ziele bestehen daraus Muskulatur aufzubauen und den Körperfettanteil zu senken. In der nachfolgenden Tabelle werden Ziele, Ausmaß und Zeit dargestellt und begründet.

Tabelle 6: Zielsetzung und Begründung der Ziele

	Inhalt	Ausmaß	Zeit
1. Ziel	Erhöhung der prozentualen fettfreien Masse	> 83,5%	6 Monate
2. Ziel	Senkung des Körperfettgehalts	<18,5	3 Monate
3. Ziel	Einhaltung Trainingsplan	Dokumentierung des Trainingsplans	3 Wochen
Begründung	Die Hauptziele der Testperson sind Muskelaufbau und Reduktion des Körperfettgehalts. Um dies zu erreichen bedarf es der Erhöhung der fettfreien Masse. Wenn das Gewicht gleichbleibt ist davon auszugehen, dass der Körperfettgehalt sinkt und die fettfreie Masse zunimmt. Diese Annahme entspricht genau der Vorstellung des Probanden. Um seine Hauptziele zu erreichen wurde als kurzfristiges Ziel die Einhaltung des Trainingsplans gewählt. Die er in schriftlicher Form dokumentiert, damit er seine Fortschritte auch schriftlich bei sich hat. Damit wird sichergestellt das er stets motiviert bleibt um seine Hauptziele zu erreichen.		

3 Trainingsplanung Makrozyklus

Die kommende Tabelle zeigt die langfristige Trainingsplanung (Makrozyklus) für die Testperson. Der Plan ist für 6 Monate aufgestellt, bei der Wahl der übergeordneten Trainingsmethode wurde die „Individuelle-Leistungsbild-Methode" (ILB-Methode) gewählt. Alle wichtigen Aspekte die zur weiteren Planung der Mesozyklen notwendig sind werden in der Tabelle übersichtlich und transparent dargestellt.

GK= Ganzkörper

Tabelle 7: Trainingsplan Makrozyklus

	Mesozyklus 1	Mesozyklus 2	Mesozyklus 3	Mesozyklus 4
Dauer in Wochen	6 Wochen	6 Wochen	6 Wochen	6 Wochen
Trainingsziel	Maximalkraft	Kraftausdauer	Hypertrophie1	Hypertrophie2
Trainingssystem	GK-Training	GK-Training	GK-Training	GK-Training
Organisationsform	Stationstraining	Stationstraining	Stationstraining	Stationstraining
Häufigkeit/Woche	2-3/Woche	2-3/Woche	2-3/Woche	2-3/Woche
Übungen/Muskel	1-3 Übungen	1-3 Übungen	1-3 Übungen	1-3 Übungen
Sätze/Übung	2-3 Sätze	2-3 Sätze	2-3 Sätze	2-3 Sätze
Intensität xRM	70-90%	70-90%	70-90%	70-90%
TUT/Satz	10 Sek.	60 Sek.	48 Sek.	32 Sek.
TUT/Wdhl.	1-0-1	1-1-1	2-1-1	1-1-2
Wiederholungszahl	5	20	12	8
Satzpausen in Sekunden	180 sek.	30 sek.	60 sek.	50 sek.

Um die Makrozyklusplanung besser verstehen zu können, wird in der nachfolgenden Tabelle näher auf die einzelnen Aspekte: Wahl der übergeordneten Trainingsmethode, Belastungsparameter, Organisationsform(en) und Periodisierung eingegangen.

Tabelle 8: Begründung Makrozyklusplan

Begründung übergeordnete Trainingsmethode
Als übergeordnete Trainingsmethode wurde, wie bereits genannt, die Individuelle-Leistungsbild-Methode (ILB-Methode) verwendet. Die ILB-Methode ermöglicht es die Trainingsintensitäten zu berechnen, auf der Basis eines zuvor durchgeführten X-RM-Tests (Eifler, 2000; 2013; Zimmer, 1999). Auf der Basis der ermittelten Testgewichte des X-RM-Tests (Aufgabe 1.2) können nun die optimalen Trainingsgewichte für jeden einzelnen Mesozyklus mithilfe des ILB-Grobrasters errechnet werden. Jedoch muss beachtet werden, dass für jeden Mesozyklus ein neuer X-RM-Test durchgeführt werden muss und die optimalen Trainingsgewichte neu berechnet werden müssen. Im Hinblick auf die Gesundheits- und Leistungsvorraussetzungen der Testperson eignet sich dieser Test, da die Person keine gesundheitlichen Probleme aufweißt. Desweitern betreibt der Proband schon seit 2 Jahren Krafttraining und spielt 1x/Woche Fußball, was darauf schließen lässt, dass die Person den Belastungen des Tests gewachsen ist.

Belastungsparameter

Einheiten/Woche: Es ist davon auszugehen, dass 2-4 Trainingseinheiten/ Woche zu einer größeren Steigerung der Maximalkraft führen als 1, 5 oder 6 Einheiten (Fröhlich & Schmidtbleicher, 2008). Desweitern spielt das Prinzip der optimalen Relation von Belastung und Erholung eine entscheidende Rolle. Hier wird unterschieden in Belastungsphase und Wiederherstellungsphase, die beide eine wichtige Rolle spielen um die Leistungsfähigkeit zu verbessern (Weineck, 2010, S. 50-51). Anhand dieser Daten & dem zeitlichen Verfügungsrahmen habe Ich mich entschlossen, dass für meinen Probanden 2-3 Trainingseinheiten/Woche optimal sind. Bewusst wurde sich nicht auf EINE bestimmte Anzahl festgelegt (z.B. 3 Trainingseinheiten), damit der Proband sich nicht schlecht fühlt, wenn er in einer Woche nur 2 Trainingseinheiten absolviert.

Übungen/Muskelgruppe: In einem Ganzkörpertraining sollte pro Muskelgruppe mindestens 1 Übung absolviert werden. Es werden pro Muskelgruppe 1-3 Übungen durchgeführt. Je nach Stärken bzw. Schwächen und/oder Vorlieben des Probanden kann die Übungsauswahl variiert werden.

Sätze/Übung: Es werden pro Übung 2-3 Sätze durchgeführt, da sich Mehrsatztrainingsmethoden in vielen Bereichen (leistungsorientiertes Fitnesstraining, Gesundheitssport oder Prävention) im Gegensatz zu Einsatztrainingsmethoden besser eignen (Fröhlich, Emrich, & Schmidtbleicher, 2010).

Intensität: Die Intensität richtet sich anhand des Grobrasters der „ILB-Methode". Sie gibt an, mit welcher Intensität der Maximalkraft die jeweilige Person trainiert. Die Intensität mit der trainiert wird ist abhängig von der Leistungsstufe der Testperson (Leistungsstufe: Fortgeschrittener → 70-90%). Zu beachten ist, dass sich die Intensitäten innerhalb des Mesozyklus erhöht (spätestens alle 2 Wochen & die Steigerung sollte max. 10% des jeweiligen ILB-Testgewichtes betragen) (Eifler, 2000; 2013; Zimmer, 1999).

TUT/Satz, TUT/Wdhl., Wiederholungszahl: Die Wiederholungszahl ergibt sich aus der vorher festgelegten Dauer (Time under Tension) einer Wiederholung und der speziellen (je nach Trainingsziel) festgelegten Reizspannungsdauer, die angibt wie lange ein Reiz auf einen Muskel wirkt (Fröhlich M. , 2014, S. 18-19).

Organisationsform

Wie aus Tabelle 7 ersichtlich ist, wird als Organisationsform ein Ganzkörpertraining mit Stationstraining verwendet. Bei einem Stationstraining werden zuerst alle vorgegebenen Satz- und Wiederholungszahlen an einer Übung durchgeführt bevor an die nächste Übung gewechselt wird. Beim Stationstraining kommt es zu einem hohen Trainingseffekt für die einzelnen Muskelgruppen (Kempf, Streicher, Wagner, & Fröhlich, 2014, S. 55). Bei einem Ganzkörpertraining werden alle Hauptmuskelgruppen in einer Trainingseinheit trainiert (Kempf, Streicher, Wagner, & Fröhlich, 2014, S. 56). Da die Testperson einen zeitlichen Verfügungsrahmen von 2-3 Einheiten/Woche hat wurde das Ganzkörpertraining als Trainingssystem gewählt um jede Muskelgruppe 2-3x wöchentlich zu belasten, da hier das oben beschriebene Prinzip zwischen Belastung und Erholung optimal eingehalten werden kann. Außerdem hat der Proband seit zwei Jahren ein Split-Training durchgeführt, deshalb wird nun auf das Prinzip der variierenden Belastung zur Leistungssteigerung zurückgegriffen (Weineck, 2010, S. 50).

Periodisierung

Insgesamt werden im Makrozyklus vier Mesozyklen mit einer Dauer von jeweils 6 Wochen durchgeführt. Die Mesozyklen haben die Aufgabe, das optimale Verhältnis von Belastung und Erholung zu garantieren, gleichzeitig jedoch die Leistungsentwicklung voranzutreiben (Weineck, 2010, S. 94). Die Periodisierung der einzelnen Mesozyklen wurde so gewählt, dass im ersten Mesozyklus das Maximalkrafttraining im Vordergrund steht, um eine möglichst hohe Rekrutierung, Frequentierung und Synchronisation der motorischen Einheiten zu erreichen. Dadurch verbessert sich die intra- und intermuskuläre Koordination (Fröhlich M. , 2014, S. 19). Da durch das Maximalkrafttraining neue motorische Einheiten rekrutiert wurden, gilt es nun diese an das Versorgungssystem des Körpers zu koppeln dies geschieht mithilfe des Kraftausdauertrainings (Mesozyklus 2), da durch das Kraftausdauertraining eine verbesserte und gesteigerte Kapillarisierung hervorgerufen wird. Dies führt auch dazu, dass die Regenerationsfähigkeit verbessert wird. Durch eine verbesserte Laktattoleranz & eine verbesserte Pufferfunktion des Blutes wird der Proband Ermüdungswiderstandsfähiger (Fröhlich M. , 2014, S. 20). Auf der Grundlage der beiden vorgegangenen Mesozyklen wird nun im dritten und vierten Mesozyklus die Hypertrophie in den Vordergrund gestellt (Hauptziel des Probanden: Muskelaufbau siehe Tab.1). Da wir in Mesozyklus 1 neue Muskelfasern frequentiert und rekrutiert haben und diese in Mesozyklus 2 an das Versorgungssystem (Kapillarisierung) „angeschlossen" haben, können wir diese nun durch Hypertrophietraining vergrößern. Durch Hypertrophie kommt es unter anderem zu folgenden morphologischen Anpassungen: Muskelmassenanstieg, Muskelquerschnittszunahme (Fröhlich M. , 2014).

4   Trainingsplanung Mesozyklus

In der kommenden Tabelle wird, aus dem in Aufgabe 3 beschriebenen Makrozyklus, der Mesozyklus 1 (Maximalkraft) ausführlich und übersichtlich dargestellt. Dabei ist zu beachten, dass die Trainingsintensitäten gerundet wurden und sich nach den möglichen Abstufungen der Gewichte des Fitnessstudios richten.

Abkürzungen: LH = Langhantel, KH = Kurzhantel

Tabelle 9: Trainingsplanung Mesozyklus

Mesozyklus1:	Maximalkraft		Zyklusdauer:	6 Wochen			
Spezifisches Trainingsziel: Maximalkraft	Rekrutierung, Frequentierung und Synchronisation der motorischen Einheiten. Verbesserung der intra- und intermuskulären Koordination.						
Trainingssystem:	Ganzkörpertraining		**Organisationsform:**	Stationstraining			
Trainingseinheiten/Woche:	3-4x/Woche		**Übungen/Muskel:**	1-3 Übungen			
Sätze/Übung:	3 Sätze		**Satzpause:**	180 sek.			
TUT/Satz:	10 sek.		**TUT/Wiederholung:**	1-0-1 sek.			
Wiederholungszahl:	5		**Intensität:**	70-90 %			
Trainingsintensität							
Übung	**X-RM** Test- ergebnis	**Wo. 1** 70% X-RM	**Wo. 2** 70% X-RM	**Wo. 3** 75% X-RM	**Wo. 4** 80% X-RM	**Wo. 5** 85% X-RM	**Wo. 6** 90% X-RM
Kniebeuge LH	120 kg	85 kg	85 kg	90 kg	95 kg	102,5	107,5 kg
Kreuzheben gestreckt	80 kg	55 kg	55 kg	60 kg	65 kg	67,5 kg	72,5 kg
LH-Bankdrücken (flach)	95 kg	67,5	67,5 kg	72,5 kg	75 kg	80 kg	85,5 kg
Butterfly am Kabel	22,5 kg	15 kg	15 kg	17,5 kg	17,5 kg	20 kg	22,5 kg
Latzug (breit) zur Brust	75 kg	52,5 kg	52,5 kg	55 kg	60 kg	65 kg	67,5 kg
LH-Rudern	80 kg	55 kg	55 kg	60 kg	65 kg	67,5 kg	72,5 kg
Schulterdrücken (Maschine)	52,5 kg	35 kg	35 kg	40 kg	42,5 kg	45 kg	47,5 kg
Seitheben KH	16 kg	10 kg	10 kg	12 kg	12 kg	14 kg	16 kg
Bizepscurls Maschine	35 kg	22,5 kg	22,5 kg	25 kg	27,5 kg	30 kg	32,5 kg
Trizepsdrücken am Seil	40 kg	27,5 kg	27,5 kg	30 kg	32,5 kg	35 kg	37,5 kg
Crunch (Maschine)	40 kg	27,5 kg	27,5 kg	30 kg	32,5 kg	35 kg	37,5 kg

Die nachstehende Tabelle zeigt welche Gelenke bei den einzelnen Übungen beansprucht werden und welche Muskeln hauptsächlich an der Bewegung beteiligt sind. Es wird bei jeder Übung davon ausgegangen, dass diese Formgerecht ausgeführt werden, desweitern werden pro Übung nur die „wichtigsten" bzw. die Muskeln genannt, die die Bewegung zum größten Teil ausführen.

Tabelle 10: Bewegungsrichtung und Beteiligte Muskeln jeder Übung

Übung	Bewegungsrichtung	Beteiligte Muskeln
Kniebeuge (Langhantel)	Hüftgelenk: Extension	M. glutaeus maximus
	Kniegelenk: Extension	M. quadriceps Femoris
Kreuzheben mit gestreckten Beinen	Hüftgelenk: Extension	M. glutaeus maximus
		M. biceps femoris
		M. semitendinosus
		M. semimembranosus
Langhantelbankdrücken an der Flachbank	Schultergelenk: Adduktion	M. pectoralis major
	Ellenbogengelenk: Extension	M. triceps brachii
Butterfly am Kabelzug	Schultergelenk: Adduktion	M. pectoralis major
Latzug (breiter Griff) zur Brust	Schultergelenk: Adduktion	M. latissimus dorsi
	Ellenbogengelenk: Flexion	M. biceps brachii
Langhantelrudern	Schultergelenk: Retroversion	M. latissimus dorsi
	Ellenbogengelenk: Flexion	M. biceps brachii
Schulterdrücken (Maschine)	Schultergelenk: Adduktion	M. deltoideus pars clavicularis
	Ellenbogengelenk: Extension	M. triceps brachii
Seitheben mit Kurzhantel	Schultergelenk: Abduktion	M. deltoideus pars acromialis
Bizepscurls Kurzhantel	Ellenbogengelenk: Flexion	M. biceps brachii
Trizepskickbacks mit Kurzhantel	Ellenbogengelenk: Extension	M. triceps brachii
Crunch im liegen (Maschine)	Wirbelsäule: Flexion	M. rectus abdominis
		M. rectus internus obliquus
		M. rectus externus obliquus
	Hüftgelenk: Flexion	M. iliopsoas

In der nächsten Tabelle werden die in Tab.10 beschriebenen Übungen begründet und der Nutzen beschrieben.

Tabelle 11: Begründung der Übungsauswahl und deren Nutzen

Begründung der Übungsauswahl & deren Nutzen
Die Übungen wurden so gewählt, dass es zu einer Mischung aus Freihantel und Maschinentraining kommt. Dies führt dazu, dass das Training nicht zu einseitig wird. Hierbei wurde darauf geachtet, dass möglichst alle Muskelgruppen ausgewogen und in entsprechendem Maße trainiert werden. Durch das Training mit freien Hanteln wird das Zusammenspiel der Muskeln (intermuskuläre Koordination verbessert, aber auch die Fähigkeiten zur besseren Stabilisation der Gelenke. Desweitern arbeiten bei mehrgelenkigen Übungen mit freien Gewichten viele Muskeln zusammen (sogenannte Muskelketten), was dazu führt, dass die metabolischen Effekte höher sind als bei maschinengeführtem Training (Haff, 2000). Auch ist bei einem Training mit freien die Kraftsteigerung höher als bei Training an Maschinen (Stone, Collins, Plisk, Haff, & Stone, 2000). In Bezug auf den Alltag, lassen sich mehrgelenkige Übungen mit freiem Gewicht besser auf den Alltag übertragen als Maschinentraining (Hois & Ziegener, 2006). Um wie oben bereits erwähnt die Trainingseinheit nicht zu einseitig zu halten, wurde natürlich nicht auf das Maschinentraining verzichtet. Der Fokus liegt aus den oben genannten Gründen jedoch auf das Training mit freien gewichten. Die Übungsreihenfolge wurde so gewählt, dass mehrgelenkige Übungen vor eingelenkigen Übungen ausgeführt werden um eine Vorermüdung der Synergisten zu vermeiden (Bompa & Carrera, 2005). Die Person betreibt seit 2 Jahren Fitnesstraining und hat dadurch genügend Erfahrung gesammelt was die Ausführung der einzelnen Übungen angeht. Der Nutzen Der in Tab.11 dargestellten Übungen liegt darin, dass alle Muskelgruppen trainiert werden und somit die Grundlage dafür geschaffen wird,die Motive (siehe Tab.1) zu erreichen.

5 Literaturrecherche

In der nachfolgenden Tabelle wurde eine Literaturrecherche zum Thema „Effekte des Krafttrainings bei Rückenbeschwerden („low-back-pain" bzw. „LWS-Syndrom")" durchgeführt.

Tabelle 12: Literaturrecherche

Studie 1	Studie 2
Titel der Studie	
„Effekte maschinengestützten Krafttrainings in der Behandlung chronischen Rückenschmerzes"	„Krafttraining bei chronisch lumbalen Rückenschmerzen. Ergebnisse einer Längsschnittstudie"
Wer hat die Studie durchgeführt und wann wurde sie publiziert?	
(Stephan, Goebel, & Schmidtbleicher, 2011)	(Goebel, Stephan, & Freiwald, 2005)
Mit welchen Versuchspersonen wurde die Studie durchgeführt?	
- Die Testpersonen wurden über die Medien geworben, wobei alle Teilnehmer volljährig sein mussten. Zum Startzeitpunkt (0 Monate) waren es 16 Teilnehmer in der Kontrollgruppe und 80 Teilnehmer aus der Trainingsgruppe. Am Ende (6 Monate) waren es in der Kontrollgruppe immer noch 16 Teilnehmer und in der Trainingsgruppe noch 58 (22 Teilnehmer brachen ab). - Voraussetzungen der Teilnahme an der Studie waren Rückenschmerzen seit mehr als 12 Wochen, 2 Schmerzschübe pro Jahr seit min. 2 Jahren., einen Chronifizierungsgrad 1 oder 2, sowie die Befähigung zum selbstständigen Krafttraining nach Einschätzung eines Arztes. - Personen mit folgenden Ausschlusskriterien durften an der Studie nicht teilnehmen: bekannte Osteoporose, instabile Herz-Kreislauf-Erkrankungen, akute Verletzungen und Entzündungen am Bewegungsapparat, motorische Ausfälle, postoperative Ausfälle, Aktueller/ehemaliger Kundenstatus beim Anbieter (Kieser Training).	- Die Testpersonen wurden in 6 kooperierenden MKT-Praxen rekrutiert. Bei Beginn der Studie (T0) waren es 128 chronische Rückenschmerzpatienten. Zum Zeitpunkt (T2) konnten 102 Probanden zur erneuten Befragung erreicht werden. - Als Kontrollgruppe Patienten eines betriebsärztlichen Zentrums, sowie aus vier orthopädischen Arztpraxen. Die Kontrollgruppe erhielten die üblichen ärztlichen sowie therapeutischen Behandlungen, machten jedoch kein spezielles Krafttraining oder andere Innervationen. - Einschlusskriterien zur Teilnahme an der Studie wären: Chronischer Rückenschmerz seit min. 6 Monaten oder mehr als zwei akute Lumbagien/ Lumboischialgien pro Jahr innerhalb der letzten 2 Jahre mit jeweils mindestens einwöchiger Arbeitsunfähigkeit. - Ausschlusskriterien für eine Nichtteilnahme waren: ein laufender Rentenvertrag, sensorische und/oder motorische Ausfälle oder Indikationen zur Bandscheibenoperation.
Wie sah der Versuchsaufbau der Studien aus?	
- Interventionszeitraum 6 Monate - Teilnehmer wurden schriftlich über Ziele und Ablauf der Studie informiert. - Die Trainingsgruppe absolvierte 6x im Monat ein 30-minütiges hypertrophieorientiertes Krafttraining an Maschinen mit variablem Widerstand. - Eine Maschine zur Lumbalextension mit stabilisiertem Becken war Bestandteil des Trainings. - Ziel war es eine Funktions- und Strukturverbesserung in der Muskulatur, besonders des Rumpfes hervorzurufen. - In den ersten drei Trainingseinheiten bekamen die Testpersonen eine Einweisung durch qualifiziertes Personal und um 10. und jedem 20. Training gab es individuelle Trainingskontrollen und ggf.-anpassungen. - Das Training umfasste alle großen Muskelgruppen des Körpers. - Die Kontrollgruppe erhielt während des Interventi-	- Die Patienten machten eine Selbsteinschätzung von Rückenschmerz, subjektiver Gesundheit/Lebensqualität und Funktionskapazität des Rückens jeweils vor (T0), direkt nach (T1) und ein Jahr nach (T2) der Durchführung einer MKT. - Der mittlere Beobachtungszeitraum (T0-T2) lag bei der MKT-Gruppe bei 16,8 ± 3 Monate und bei der Kontrollgruppe bei 13,2 ± 1,2 Monate - In der Kontrollgruppe wurden die Fragebögen nur zu T0 und T2 ausgefüllt. - Die Patientenbögen enthielten Befragungen zu folgenden Bereichen: Subjektive Gesundheit, Funktionskapazität des Rückens, einschätzung des Rückenschmerzes, Funktionskapazität des Rückens, Einschätzung der Arbeitsfähigkeit und Angaben zu Krankheitskosten

onszeitraumes keine Trainingsmaßnahmen.
- Als Messverfahren wurden zwei Schmerzskalen im Bezug auf die letzten 4 Wochen verwendet: Eine die sich auf die Intensität des Rückenschmerzes bezieht, und eine die sich auf die Beeinträchtigung des Rückenscherzes bezieht.
- Außerdem wurde ein Maximalkrafttest der Lumbalextensoren durchgeführt.

Ergebnisse

- Trainingszeitraum betrug durchschnittlich 24,5 (±2,0), Trainingshäufigkeit/ Woche 1,6 mal (±0,4).
- 20 Personen der Trainingsgruppe waren am Ende der Intervention schmerzfrei, wovon 9 vorher mäßige/starke Schmerzen und 11 leichte/sehr leichte Schmerzen hatten.
- In der Kontrollgruppe waren am Ende 6 Personen schmerzfrei, wovon 3 über leichte/sehr leichte Schmerzen erzählten.
- Bei der Trainingsgruppe sank der Wert im Bezug auf die Intensität der Rückenschmerzen um 11,2 Punkte (38,2% weniger) und in der Kontrollgruppe um 6,87 Punkte (25,6% weniger).
- Bei den Beeinträchtigungen durch die Rückenschmerzen sank der Wert in der Trainingsgruppe um 6,45 Punkte (58,5%) und in der Kontrollgruppe um 2,07 Punkte (36,2%)
- Die lumbale Extensionskraft nahm in der Trainingsgruppe signifikant zu und in der Kontrollgruppe gab es keine Veränderungen.

- Einschätzung des Rückenschmerzes: Die Häufigkeit von Rückenschmerztagen nahm in den letzten vier Wochen in der MKT-Gruppe von $21,6 \pm 8,4$ auf $13,1 \pm 10,5$ ab. In der Kontrollgruppe kam es zu keiner signifikanten Senkung.
- Subjektive Gesundheit: In der Kontrollgruppe keine Veränderungen festgestellt. Bei der MKT-Gruppe konnte man signifikante und praktische bedeutsame Veränderungen nachweißen.
- Einschätzung der Arbeitsfähigkeit: In der MKT-Gruppe hatten zum Zeitpunkt T_0 36,5% keine Einschränkungen bei der Arbeit. Bei T_2 stieg dieser Wert auf 56,9% an. In der Kontrollgruppe waren zu Zeitpunkt T_0 76,7% arbeitsfähig dieser Wert sank zu T_2 auf 57,1%.
- Bei der Anzahl der Arbeitsunfähigkeitstage gab es in beiden Gruppen keine signifikanten Unterschiede.
- Auch bei der Häufigkeit der Arztbesuche aufgrund Rückenschmerzen unterschied sich in beiden Gruppen nicht signifikant.
- Ein signifikanter Unterscheid zwischen den beiden Gruppen ergab sich noch in der Hinsicht auf die Inanspruchnahme von Krankengymnastik. In der MTK-Gruppe nahmen 30,4% diese in Anspruch in der Kontrollgruppe 54,5%.

Schlussfolgerungen

- Die Teilnahme an der Studie war freiwillig, was daraus schließen lässt, dass die Eigenmotivation höher ist, als bei Personen denen ein Training verordnet wird.
- Das Krafttraining führte zu einer signifikanten Schmerz- und Beeinträchtigungsreduktion.
- In der Kontrollgruppe wurden keine bedeutsamen positiven Effekte festgestellt. Dies kann aber auch daran liegen, dass die Kontrollgruppe mit 16 Teilnehmern nur sehr dünn besetzt war.
- Ein 6-maliges (30-minütiges) Ganzkörperkrafttraining pro Monat genügt um bei Personen mit chronischem Rückenschmerz (Anfangsstadium) Beeinträchtigungen und Schmerzen zu verringern.
- Das selbstständig Maschinengestützte Training wurde von den Testpersonen gut angenommen und die Drop-out Rate lag unter der von deutschen Fitnessketten.

- Die Studie wollte u.a. klären wie sich das Gesundheitsbefinden und Rückenschmerzen durch verschiedenen Behandlungen und nach deren Beendigung (1 Jahr danach) entwickeln.
- Die Wirksamkeit des MKT-Trainings wurde bereits in anderen Studien in den USA sowie in Europa gezeigt und durch diese bestätigt.
- In dieser Untersuchung zeigten die Testpersonen der MKT-Gruppe im Vergleich zur Kontrollgruppe bei fast allen Parametern bessere Ergebnisse.
- Durch die erhöhten Kraftwerte und die verbesserten Stoffwechsel Prozesse im LWS-Bereich wird die Bewegungssicherheit im Beruf und Alltag bei der MKT-gruppe sichergestellt. Somit wird auch die These einer anderen Studie bestätigt, dass es einen engen Zusammenhang zwischen Schmerz und Lebensqualität gibt.
- Abschließend kann gesagt werden, dass durch diese Ergebnisse die MKT mit anderen etablierten Verfahren verglichen werden sollte und dementsprechende Untersuchungen veranlassen.

6 Literaturverzeichnis

Bompa, T. O., & Carrera, M. C. (2005). *Periodization Training for Sports. Science-based strength and conditioning plans for 20 sports* (2.ed.). Champaign, IL: Human Kinetics.

Eifler, C. (2000). *Krafttraining nach der ILB-Methode – Eine empirische Überprüfung der Trainingseffekte bei Anfängern und Fortgeschrittene.* Diplomarbeit, Universität Saarland, Saarbrücken.

Eifler, C. (2013). *Empirische Überprüfung der Effekte verschiedener Ansätze zur Intensitätssteuerung im fitnessorientierten Krafttraining.* Dissertation, Universität des Saarlandes, Saarbrücken.

Fröhlich, M. (2014). *Funktionelles Training mit Hand- und Kleingeräten.* (H. D. Kempf, Hrsg.) Heidelberg: Springer.

Fröhlich, M., & Schmidtbleicher, D. (2008). Trainingshäufigkeit im Krafttraining - ein metaanalytischer Zugang. *Deutsche Zeitschrift für Sportmedizin, 59*(2), 4-12.

Fröhlich, M., Emrich, E., & Schmidtbleicher, D. (2010). Outcome effects of single-set versus multiple-set training - an advanced replication study. *Research in Sports Medicine, 18*(3), 157-175.

Goebel, S., Stephan, A., & Freiwald, J. (2005). Krafttraining bei chronischen lumbalen Rückenschmerzen. *Deutsche Zeitschrift für Sportmedizin, 56*(11), 388-392.

Haff, G. G. (2000). Roundtable discussion: machines versus free weights. *Strength and Conditioning Journal, 22*(6), S. 18-30.

Hois, G., & Ziegener, A. (2006). Grundlagen des mehrgelenkigen Trainings in Theorie und Praxis. *Bewegungstherapie und Gesundheitssport, 22*, S. 18-25.

Kempf, H. D., Streicher, H., Wagner, P., & Fröhlich, M. (2014). *Funktionelles Training mit Hand- und Kleingeräten.* (H. D. Kempf, Hrsg.) Heidelberg: Springer.

Stephan, A., Goebel, S., & Schmidtbleicher, D. (2011). Effekte maschinengestützten Krafttrainings in der Behandlung chronischen Rückenschmerzes. *Deutsche Zeitschrift für Sportmedizin, 62*(03), 69-74.

Stone, M. H., Collins, D., Plisk, S., Haff, G. G., & Stone, M. E. (2000). Training principles: evaluation of modes and methods of resistance training. *Strength and Conditioning Journal, 22*(3), 65-76.

Weineck, J. (2010). *Optimales Training. Leistungsphysiologische Trainingslehre unter besonderer Berücksichtigung des Kinder- und Jugendtrainings.* (16. durchgesehene Ausg.). Balingen: Spitta Verlag GmbH & Co. KG.

Zimmer, M. (1999). *Entwicklung und Erprobung eines Mehrwiederholungstestszur Erfassung der Kraftleistung im Fitneß-Training.* Diplomarbeit, Universität des Saarlandes, Saarbrücken.

7 Abbildungs- und Tabellenverzeichnis

7.1 Abbildungsverzeichnis

7.2 Tabellenverzeichnis